FIMO® ist eine ofenhärtende Modelliermasse, mit der du nach Herzenslust modellieren und gestalten kannst. Ob Schmuck, Dekorationen oder kleine Geschenke, aus der Modelliermasse lässt sich alles formen.

Für alle Modelle habe ich FIMO® soft verwendet, das besonders weich und sofort modellierfähig ist. Im Hobbyfachhandel gibt es auch FIMO® classic, welches fester ist und erst weich geknetet werden muss. Dieses Material nehmen Schmuckdesigner für filigrane Kunststücke. Außerdem gibt es Modelliermassen mit Glitter- und Nachtleuchte-Effekten sowie in Transparent- und Metallicfarben. Du kannst alle Farben und Sorten untereinander mischen.

Alle FIMO®-Blöcke sind in acht Rippen unterteilt. Bei größeren Arbeiten habe ich die benötigte Rippenanzahl angegeben, ansonsten benötigst du nur kleine Reste in den angegebenen Farben. Die Zahl hinter der Farbe ist die Farbnummer, damit findest du das Produkt leicht im Laden.

Ich wünsche dir viel Freude und Erfolg beim Modellieren und Gestalten!

GRUNDFORMEN

Perlen anfertigen
Ideen für viele Schmuckstücke

Grundformen

Für **Kugeln** ein Stück FIMO® zu einem Würstchen rollen. Davon gleichmäßig große Stücke abschneiden, aus denen du Kugeln rollst. So werden diese gleich groß.

Scheiben lassen sich von einer FIMO®-Rolle einfach in der gewünschten Dicke abschneiden. Bei Bedarf noch etwas flach drücken und die Ränder abrunden.

Würfel entstehen, indem du eine Kugel von sechs Seiten flach presst. Am besten auf die jeweils gegenüberliegenden Seiten gleichzeitig Druck ausüben.

Gepunktete Perlen

Der Effekt entsteht, indem du auf die vorgeformte Kugel kleine Kügelchen aufsetzt. Rolle die Kugel anschließend in der hohlen Hand nach, um eine glatte Oberfläche zu erhalten.

GEPUNKTETE PERLEN

Marmorierte Stiftperlen

Knete verschiedene Reststücke FIMO® zusammen und bringe sie in die gewünschte Form. Wenn du eine Wurst vor dem Schneiden noch etwas um die eigene Achse drehst, entstehen neue Effekte.

MARMORIERTE STIFTPERLEN

GRUNDANLEITUNG

Kordelperlen

Diese Perlen entstehen, indem du zwei verschiedenfarbige Stränge ineinander drehst. Dann leicht ausrollen, um eine glatte Oberfläche zu schaffen, und in der gewünschten Länge zuschneiden.

Spiral- und Blütenmuster

Für **Spiralperlen** legst du FIMO®-Platten aufeinander (hier: weiß auf blau) und rollst sie eng auf. Abgeschnittene Scheiben haben alle das gleiche Muster. Die untere Platte sollte etwas länger sein als die darauf liegende(n), sodass die Rolle eine gleichfarbene Hülle bekommt.

Für ein **Blütenmuster** lege um eine FIMO®-Rolle (= Blütenmitte) sechs weitere Rollen in anderen Farben (= Blütenblätter). Darum herum legst du eine dünn ausgerollte Platte, sie bildet die Hülle. Sanft auf dem Untergrund rollen, um alles zu verfestigen.

Löcher machen

Um Löcher zu machen, schiebst du die Perlen vor dem Aushärten auf einen harten Draht von mindestens 1 mm bis 1,5 mm Durchmesser. Das Loch muss größer sein als der Faden oder die Gummikordel, auf welche die Perlen gefädelt werden.

Hinweis: Die Löcher müssen immer ein bischen größer sein als der Fadendurchmesser, da das Material beim Brennen schrumpft.

Modelliermasse aushärten

FIMO® im Backofen bei 110 °C maximal 30 Minuten backen, dazu auf Backpapier, Alufolie oder eine Glasplatte legen. Nach dem Abkühlen hat dein Kunstwerk die Endfestigkeit.

KORDELPERLEN

SPIRAL- UND BLÜTENMUSTER

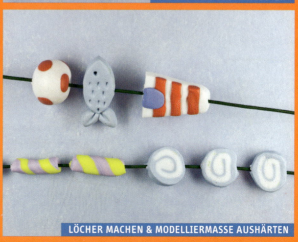
LÖCHER MACHEN & MODELLIERMASSE AUSHÄRTEN

Armbänder und Ohrringe
für beste Freundinnen

MOTIVGRÖSSE
Armbänder ca. ø 5 cm

MATERIAL
* Elastik- oder Gummifaden in Weiß, ø 1 mm

KUGELARMBAND
* FIMO® soft in Himbeere (22), Apfelgrün (50), Pfefferminz (39) und Limone (10)
* Holzperlen oder Rocailles in Weiß und Rosa, ø 4 mm

GRÜNES ARMBAND
* FIMO® soft in Limone (10), Apfelgrün (50), Pfefferminz (39) und Weiß (0)
* Holzperlen oder Rocailles in Türkis, ø 4 mm

ROTES ARMBAND
* FIMO® soft in Himbeere (22), Weiß (0), Mandarine (42) und Indischrot (24)
* Rocailles oder Holzperlen in Gelb und Orange

CHARMS-ARMBAND
* FIMO® soft in Brillantblau (33) und Indischrot (24)
* FIMO® Effect in Glitterweiß (052)
* Armband mit schmalen Gliedern
* Kettelstifte in Silber, 5 cm lang
* Schmuckzange, Seitenschneider

VORLAGE
Bogen 1B

FIMO®-Armbänder

1 Die Perlen – Kugeln, gepunktete Perlen, Scheiben und marmorierte Stiftperlen – wie auf Seite 2/3 beschrieben anfertigen. Die rosaroten Kugeln sind mit einer Mischung aus Himbeere und Weiß gemacht. Um Löcher zu stechen, die Perlen auf Draht ziehen und darauf im Backofen aushärten.

2 Nach dem Abkühlen fädelst du die FIMO®-Schmuckteile abwechselnd mit Holzperlen oder Rocailles auf.

Charms-Armband

1 Die Perlen wie auf Seite 2/3 beschrieben anfertigen. Du brauchst Kordelperlen, Kugeln und gepunktete Perlen. Mische Brillantblau mit etwas Glitterweiß, dann schimmert es schön.

2 Für den Fisch noch mehr Weiß ins Brillantblau geben. Die Modelliermasse flach auswalzen, das Tier und die Schwanzflossen ausschneiden. Mit einem Modellierwerkzeug zusammensetzen und die Muster eindrücken.

3 Den Turm auch aus einer dünnen FIMO®-Platte ausschneiden (ca. 5 mm) und wie abgebildet mit Streifen und dem Halbrund belegen.

4 Löcher in alle Perlen stechen, sie aushärten und nach dem Abkühlen wie oben gezeigt mit Kettelstiften an der Gliederkette anbringen. Vergiss nicht, das Kettenglied in die Öse zu schieben, bevor du sie schließt.

Hinweis: Fertige zu den Armbändern noch passende Ohrhänger oder Ohrstecker an! Im Hobbyfachhandel erhältst du Ohrstecker und Halter für Ohrhänger. Ohrstecker klebst du mit Schmuckkleber an die Rückseite des ausgehärteten FIMO®-Teils.

Die Perle auf den Kettelstift stecken. Falls nötig, mit einem Seitenschneider kürzen. Dann die Öse am Drahtende mit der Schmuckzange greifen und aufrollen, bis sie sich schließt.

Wild und witzig
gefällt nicht nur Jungen

MOTIVHÖHE
ca. 5–10 cm

**MATERIAL
PIRAT**
* FIMO® soft in Haut (43), Weiß (0), Indischrot (24) und Schwarz (9)
* Bleistift
* Permanentmarker in Schwarz und Weiß

DRACHE
* FIMO® soft in Tropischgrün (53), Mandarine (42), Lavendel (62), Weiß (0), Limone (10) und Apfelgrün (50)
* Holzstab, ø 5 mm, 30 cm lang
* Acrylfarbe in Gelb

MONSTER
* FIMO® soft in Pfefferminz (39), Mandarine (42), Indischrot (24), Weiß (0), Apfelgrün (50), Lavendel (62), Limone (10) und Himbeere (22)
* Metallfeder
* Elastikfaden oder Gummifaden in Orange, ø 1 mm, 4 x 10 cm lang

VORLAGE
Bogen 1A

Pirat

1 Eine Kugel als Kopf modellieren und das Loch für den Bleistift eindrücken. Nase, Auge und Augenklappe aufsetzen. Für die Schnur der Augenklappe rollst du dünne Würste.

2 Die Kappe und die Tuchteile aus 3 mm dick ausgerollten Platten ausschneiden. Die Mütze auf den Kopf drücken, das Tuch zusammensetzen.

3 Alles im Ofen aushärten. Nach dem Abkühlen bemalen und auf den Bleistift kleben.

Drache

1 Den eiförmigen Kopf modellieren, ein Loch eindrücken und zwei Kugeln als Nase aufsetzen. Zum Einstechen der Löcher nimmst du den Pinselstiel, für die Rillen einen Zahnstocher.

2 Die gelben auf die weißen Kugeln drücken und als Augen aufsetzen. Die Hörner aus Rollen wellenförmig zurechtbiegen und andrücken.

3 Die Ohren und die Pfoten aus einer 2 mm starken Platten ausschneiden. Die Rillen mit dem Modellierwerkzeug eindrücken. Die Ohren an den Kopf drücken, die Pfoten separat legen.

4 Alles im Backofen aushärten. Den Stab gelb anmalen. Daran klebst du nach dem Trocknen und Auskühlen das Tier. Den Drachen kannst du in einen Blumentopf stecken.

Monster

1 Die Körperkugel modellieren. Den Mund schneidest du aus einer 1–2 mm dünnen weißen Platte aus. Setze ihn auf die Kugel und rolle diese noch einmal in den Händen, um die Oberfläche zu glätten.

2 Forme die anderen Kugeln gemäß Vorlage. Die Augen andrücken, die restlichen Perlen zum Lochen auf Draht ziehen.

3 Die seitlichen Löcher mit einem Stäbchen, das obere für die Feder mit einem Bleistift eindrücken.

4 Für die Hörner Kordelperlen machen (siehe Seite 3). Oben dünner ausrollen und ansetzen.

5 Die Figur aushärten. Nach dem Abkühlen Zähne und Pupillen mit einem wasserfesten Stift aufmalen. Die Kordeln verknoten, die Perlen aufziehen und die Kordelenden in die Löcher kleben. Nun noch die Feder anbringen. Damit kann das Monster durch den Raum schwingen.

GLÜCKSBRINGER

Lustiges Alphabet

Schreib deinen Namen!

MOTIVHÖHE
ca. 7 cm

MATERIAL
* FIMO® soft in Limone (10), Sonnengelb (16), Weiß (0), Himbeere (22) und Schwarz (6)
* Ausstechform: Herz, ø 1,5 cm

VORLAGE
Bogen 1B

1 Wähle die benötigten Buchstaben vom Vorlagenbogen aus. Mache dann eine 6–7 mm starke Platte in Limone, auf die du einige sonnengelbe Kugeln legst. Noch einmal mit der Kunststoffrolle darüber fahren.

2 Dann die Schablonen auflegen und die Buchstaben ausschneiden. Die Ränder mit den Finger abrunden.

3 Den Kopf zuschneiden. Die doppelten Ohren unten leicht einschneiden, zurechtbiegen und auf den Kopf drücken.

4 Eine kleine Kugel als Nase aufsetzen und eine dünne Wurst als Schwanz hinter dem Buchstaben andrücken.

5 Im Ofen aushärten und nach dem Abkühlen die Gesichter gestalten (siehe hintere Umschlagklappe).

Hinweis: Pro Buchstabe in der angegebenen Stärke und Größe brauchst du etwa ein halbes Päckchen FIMO® in Limone, eine Rippe Sonnengelb und zwei Rippen Weiß.

DEKORATIONEN

Schmucke Stücke
für Mädchen

MOTIVGRÖSSE
Biene ca. 4 cm

MATERIAL
* FIMO® soft in Weiß (0), Sonnengelb (16), Himbeere (22), Mandarine (42), Indischrot (24), Lavendel (62), Pfefferminz (39), Pflaume (63), Tropischgrün (53), Apfelgrün (50) und Schwarz (6)
* dünner Blumendraht in Weiß
* Blumendraht, ø 1 mm (Perlen lochen)
* Elastikfaden oder Gummikordel in Weiß und Gelb
* Holzperlen oder Rocailles in Gelb, Grün und Weiß, ø 4 mm
* Ausstechformen: Blatt, 2 cm, Blume, 2,2 cm, und Herz, 1,5 cm groß

VORLAGE
Bogen 1B

1 Wie du die Perlen machst, steht auf Seite 2/3. Die spiralförmigen Perlen rollst du aus Platten in Weiß, Mandarine und Himbeere. Schneide 4–5 mm starke Scheiben daraus zu.
Bei den Blüten in Schwarz-Weiß nimmst du ein Würstchen in Mandarine als Mitte und legst gleich große in Weiß und Schwarz darum herum. In eine himbeerfarbene Platte hüllen.
Die anderen Perlen nach Abbildung formen und gestalten.

2 Die Blätter ausstanzen und mit einem Modellierstab oder Messer die Blattadern eindrücken. Mit einem Zahnstocher von der Seite ein Loch in jeweils eine Spitze bohren. Dann auch noch Blüten und Herzen ausstechen.

3 Die Flügel und den Bienenkopf nach Vorlage zuschneiden. Auch in die Flügel seitliche Löcher stechen.

4 Die anderen Perlen wie auf Seite 3 gezeigt zum Lochen auf den dickeren Blumendraht ziehen. Alles im Ofen aushärten und abkühlen lassen.

5 In die Löcher in den Blättern klebst du aus dünnem Draht gewickelte Schlaufen (siehe Foto unten). Die Kette auffädeln und die Fadenenden verknoten.

Hinweis: Mit ausgestochenen Blüten und Blättern lassen sich im Nu andere Schmuckstücke, wie Haarspangen, Haarringe und Haarreifen, verzieren.

Für die Aufhängeschlaufen dünne Drahtstücke zusammenfalten und verdrehen. Oder du nimmst Kettelstifte (mit einem Seitenschneider auf die benötigte Länge kürzen).

SCHMUCK

Blumen und Lichter
Geschenke mit Liebe gemacht

MOTIVGRÖSSE
Blumen ca. 7 cm

MATERIAL
* FIMO® soft in Apfelgrün (50), Tropischgrün (53), Sonnengelb (16), Limone (10), Weiß (0), Lavendel (62), Himbeere (22), Mandarine (42), Pfefferminz (39), Indischrot (24) und Brillantblau (33)
* Porzellanfarbe in Weiß und Hellblau
* Ausstechformen:
  Blumen, ø 2–5 cm,
  Kreise, ø 1–3 cm,
  Blätter, 2 cm lang
* Windlichter, Schraubverschlussgläser, Pappschachteln, Magnete

1 Blumen über Blumen! Sie werden aus FIMO®-Platten gestochen. Diese sind für kleine Blumen 2–3 mm stark, für große Blumen 3–4 mm. Sollten die Teile einmal am Untergrund kleben bleiben, kannst du sie mit einem Spachtel ablösen.

2 Die Einzelteile Schicht für Schicht zusammensetzen, dabei leicht andrücken. Mit einem Modellierstab oder Zahnstocher kannst du Vertiefungen eindrücken.

3 Nach dem Aushärten und Abkühlen die Blüten auf Schachteln, Gläser, Magnete und mehr kleben. Zum Ankleben Alleskleber oder Zweikomponentenkleber verwenden. Die Gläser vor dem Bekleben mit Porzellanfarbe betupfen und die Farbe nach Herstellerangaben im Ofen einbrennen.

Einfach gemacht – FIMO® flach walzen und Motive ausstechen.

Vor dem Verzieren lassen sich Gegenstände mit Acrylfarbe bemalen. Glas am besten nur betupfen.

GESCHENKE

Flaschenverschlüsse
für Essig, Öl und gute Tropfen

MOTIVHÖHE
ca. 8 cm

MATERIAL
* FIMO® soft in Weiß (0), Himbeere (22), Sonnengelb (16), Indischrot (24), Pazifikblau (37), Apfelgrün (50), Pfefferminz (39), Mandarine (42), Lavendel (62), Schwarz (9) und Limone (10)
* Korken, ø 2,4 cm (oben), 2,7 cm hoch
* Blumendraht, ø 1 mm, pro Verschluss 6 cm lang
* Strasssteine in Rot, Hellblau und Kristall, ø 3 mm
* Prickelnadel

VORLAGE
Bogen 1A

1 Stich mit der Prickelnadel ein mindestens 1,5 cm tiefes Loch in den Korken und stecke ein 6 cm langes Stück Blumendraht hinein.

2 Die Perlen gemäß Vorlage und Abbildung anfertigen, beachte auch die Grundanleitung auf Seite 2/3. Manche Kugeln sind mit dem Messer durchgeschnitten, andere werden beim Aufstecken leicht zusammengedrückt. Die kleinen Kugeln quetschst du so zusammen, das sie wie Räder aussehen.

3 Die Kugeln gut aneinander drücken. Das Zierteil (und eventuell noch kleine Perlen) obenauf setzen. Es bildet den Abschluss, danach darf kein Draht mehr hervorschauen.

4 Die Zierabschlüsse sind entweder aus flach gewalzten Platten ausgestochen oder -geschnitten (Herz, Krone, Spiralrad) oder modelliert (Kegel, aus einer Kugel, die oben spitz ausgeformt wird).
Die Spirale auf dem Rad rechts aus einem dünnen Würstchen legen und dieses gut andrücken.
Die Perlen sollten mindestens 5–6 mm stark sein, damit du sie gut auffädeln kannst. Schneide sie mit einer runden Ausstechform oder einem Messer aus.

5 Am Übergang zum Korken Würstchen anbringen. Die gedrehten Rollen sind wie auf Seite 3, Kordelperlen, beschrieben gemacht.

6 Glitzernde Effekte entstehen mit Strasssteinen. Diese einfach in die Kugeln drücken, für größere Steine Löcher vorstechen.

Hinweis: Falls sich FIMO®-Teile nach dem Aushärten vom Korken lösen, kannst du sie mit Kraftkleber wieder ankleben.

Ein in den Korken eingesteckter Blumendraht gibt den Verzierungen Halt.

GESCHENKE

Niedliche Glücksbringer
schöne Geschenkideen

MOTIVHÖHE
ca. 5 cm

MATERIAL
PUPPE
* FIMO® soft in Haut (43), Weiß (0), Indischrot (24) und Schwarz (9)
* Schaschlikstäbchen
* Bleistift

PANDA
* FIMO® soft in Weiß (0), Mandarine (42), Schwarz (9) und Apfelgrün (50)
* Holzstab, ø 5 mm, 30 cm lang

BALLERINA
* FIMO® soft in Apfelgrün (50), Mandarine (42), Lavendel (62), Haut (43), Sonnengelb (16) und Pfefferminz (39)
* Ausstechform: Blume, ø 3 cm und 7 cm
* Draht, ø 1,5 mm
* Elastikfaden oder Gummifaden in Gelb, ø 1 mm

VORLAGE
Bogen 2A

Puppe

1 Modelliere die Kugel für den Kopf und drücke mit dem Bleistift ein Loch ein. Weite es noch ein wenig, FIMO® schrumpft beim Aushärten. Für die Haare ein dünnes langes Würstchen aus schwarzem FIMO® rollen. Auf den Kopf legen und spiralförmig aufrollen, bis die Fläche vollständig bedeckt ist.

2 Die Augen (Scheiben), die Zöpfe und Ohren (Kugeln) und die Haarspangen aufsetzen. Letztere als Kugeln rollen, andrücken und mit einem Zahnstocher Löcher einstechen.

3 Den Kragen aus einer 2–3 mm stark ausgewalzten Platte ausschneiden und mit dem Bleistift ein Loch einstechen. Die Ränder leicht nach oben biegen.

GLÜCKSBRINGER

4 Die Einzelteile im Backofen aushärten und nach dem Abkühlen an den Bleistift kleben. Die Pupillen, Wimpern und den Mund gestaltest du mit einem wasserfesten Stift, die Wangen mit Buntstiftabrieb.

Panda

1 Modelliere die Kopfkugel und setze zwei Kugeln als Augen auf. Die Ohren wölbe leicht mit den Fingern, bevor du sie seitlich an den Kopf drückst. Das Maulteil auflegen, die Nase aufsetzen und mit dem Pinselstiel ein Loch für den Mund machen.

2 Für die Pfoten Kugeln flach drücken. Die Blätter aus einer 3 mm starken FIMO®-Platte zuschneiden.

3 Die Einzelteile im Backofen aushärten und nach dem Abkühlen auf den Stab kleben. Daran die Pfoten und Blätter befestigen. Das Augenweiß und die Pupillen aufmalen und die Wangen mit Buntstiftabrieb röten.

Ballerina

1 Forme gemäß Vorlage die Kopf-, Hand- und Beinkugeln. Das Körperteil ist eine Kugel, von der du ein Stück abschneidest. Ziehe alles zum Lochen auf Draht. In das Bauchteil seitlich Löcher einstechen.

2 Der Rock und der Kragen sind aus 2–3 mm dünnen Platten ausgestochen und mit einem Zahnstocher gelocht.

Das Rechteck für die Schleife aus einer dünnen Platte ausschneiden.

3 Setze nun die Nase auf den Kopf und bringe die Haare an. Dafür FIMO® durch eine Knoblauchpresse drücken. Darauf das in der Mitte zusammengedrückte Rechteck als Schleife setzen.

4 Die Einzelteile im Backofen aushärten und nach dem Abkühlen auf

dem Stab zusammenfügen. Den Faden doppelt von oben durch den Kopf führen, verknoten und dann durch den Körper ziehen. Auf jedes Fadenende Perlen für die Beine auffädeln und die Enden verknoten. Die Arme an kurze Fäden knoten und in die Löcher kleben.

5 Das Gesicht mit Permanentstiften und Buntstiftabrieb gestalten.

Im Dschungel ist was los

origineller Bilderrahmen und Zettelhalter

MOTIVHÖHE
Bilderrahmen ca. 23 cm

MATERIAL
BILDERRAHMEN
* FIMO® soft in
  Apfelgrün (50),
  Tropischgrün (53),
  Sonnengelb (16),
  Lavendel (62), Weiß (0),
  Himbeere (22),
  Mandarine (42),
  Pflaume (63) und
  Schwarz (6)
* Bilderrahmen in Grün,
  21,5 cm x 16,5 cm
* Acrylfarbe in Hellgrün

ZETTELHALTER
* FIMO® soft in
  Sonnengelb (16),
  Tropischgrün (53),
  Mandarine (42),
  Indischrot (24),
  Weiß (0) und
  Apfelgrün (50)
* Krokodilklammer
  mit Stab,
  ca. 17 cm hoch

VORLAGE
Bogen 2A+2B

Bilderrahmen

1 Schneide alle Motivteile, außer die Blumen, aus ausgewalzten Platten aus und streiche sanft über die Kanten, um sie abzurunden (siehe „Flache Motive", hintere Umschlagklappe).

2 Der Stamm der Palme und die Gräser sind mit dünnen FIMO®-Würsten verziert. In die Blätter der Palme mit einem Modellierstab Vertiefungen eindrücken. Für die Nüsse Sonnengelb und Mandarine mischen.

3 Füge die Palme zusammen (Blätter, Stamm, Nüsse).

4 In den Löwenkörper drückst du unterhalb des Kopf mit dem Modellierstab eine Linie ein. Die Ohren über dem Pinselstiel ein bisschen wölben, dann an den Körper drücken. Kugeln als Augen und Nase formen, flach drücken und aufsetzen. Den Schwanz von hinten ansetzen.

5 Für die Blumen eine kleine auf eine große Kugel drücken. Das Loch in der Blütenmitte mit einem Stäbchen eindrücken. Eine Blüte bekommt noch eine dünne Wurst als Stiel.

6 Härte die Motivteile im Ofen aus und klebe sie nach dem Abkühlen auf den Bilderrahmen. Diesen kannst du vorher bemalen. Die Farbe mit einem Pinsel auftupfen.

Zettelhalter

1 Forme einen ca. 1–1,5 cm dicken Würfel aus FIMO®.

2 Schneide die Schlange und die Blätter aus ausgewalzten Platten (5 mm stark) aus und runde die Kanten ab, indem du sanft darüber streichst (siehe „Flache Motive", hintere Umschlagklappe).

3 Auf die Schlange kleine Kugeln drücken und die Zunge (zwei Würstchen) und das Auge (Kugel) ansetzen. Dünne Würstchen, im jeweils anderen Grünton, auf die Blätter drücken.

4 In den Würfelfuß ein Loch für den Stab stechen. Wieder herausziehen und die Schlange um den Stab wickeln.

5 Dann den Stab mit der Schlange und den Würfelfuß einzeln aushärten. Nach dem Abkühlen den Stab mit Zweikomponentenkleber einsetzen.

Mein Tipp für dich

Motivvariante Du kannst mit den Motivteilen „spielen", sie auch einmal anders anordnen. Die Szene sieht auch auf einem quadratischen Rahmen gut aus.

DEKORATIONEN

Bunte Schlüsselanhänger
für Jungen und Mädchen

MOTIVLÄNGE
ca. 8–13 cm

MATERIAL
* Elastikfaden, ø 1 mm
* Schlüsselring

MUFFIN
* FIMO® soft in Caramel (7), Sonnengelb (16), Himbeere (22), Weiß (0) und Apfelgrün (50)

BONBON
* FIMO® in Himbeere (22), Weiß (0) und Pfefferminz (39)
* Buchstabenperlen, ca. 8 mm groß

KROKODIL
* FIMO® soft in Apfelgrün (50) und Sonnengelb (16)
* 5 Holzperlen in Rot, ø 4 mm

MÄNNCHEN
* FIMO® soft in Sonnengelb (16), Weiß (0), Apfelgrün (50), Indischrot (24) Pfefferminz (39), Brillantblau (33) und Pflaume (63)
* je 8 Holzperlen in Hellblau und Hellgrün, ø 4 mm
* Wollreste in Orange und Gelb

GESPENST
* FIMO® Effect in Nachtleuchtefarbe (04)
* FIMO® soft in Limone (10), Mandarine (42) und Schwarz (9)

VORLAGE
Bogen 3B

Muffin

Beachte die Anleitung „Flache Motive" auf der hinteren Umschlagklappe. Setze die Teile wie abgebildet zusammen und drücke die Vertiefungen und das Loch mit einem Schaschlikstäbchen ein.

Bonbon

Eine Kugel rollen und etwas länglich ausarbeiten. Kleine weiße Kugeln flach drücken und auf das Ei setzen. Dann die Rechtecke aus einer 3 mm starken Platte zuschneiden, etwas zusammenraffen und an die Seiten setzen. Noch eine pfefferminzfarbene Kugel für den Anhänger rollen.

Krokodil

Die Motivteile aus einer 8 mm stark ausgewalzten Platte schneiden („Flache Motive", siehe hintere Umschlagklappe). Die Abdrücke machst du mit der Spitze eines Messers oder Modellierstabes. Alle Motivteile lochen (siehe Seite 3). Für Augen und Nase Kugeln rollen und aufsetzen. Die Vertiefungen mit einem Modellierwerkzeug eindrücken.

Männchen

Modelliere die Kugeln und den Würfel (siehe Seite 2). Manche Kugeln wie abgebildet flach drücken. Alle Kugeln lochen. Sie werden wie auf der Vorlage gezeigt zusammen mit Holzperlen zum Männchen gefädelt (oben beginnen, einen doppelten Faden nehmen).

Gespenst

Die Form aus einer ausgewalzten Platte in Nachtleuchtefarbe ausschneiden („Flache Motive", hintere Umschlagklappe). Für die Augen Limone und Nachtleuchtefarbe mischen und die Kugeln aufdrücken. Die Lava-Perlen in Orange und Schwarz sind wie auf Seite 26 beschrieben gemacht.

Hinweis: Alle Anhänger werden auf einen Elastikfaden mit 1 mm Durchmesser gefädelt und an Schlüsselringen angebracht. Mache die Löcher mindestens 2 mm groß (mit Zahnstocher, Blumendraht). Die Gesichter nach dem Aushärten und Abkühlen mit einem wasserfesten Stift ergänzen.

SCHMUCK

Urlaubserinnerungen

an Sonne, Meer, Strand

MOTIVHÖHE
Bilderrahmen ca. 18 cm

MATERIAL
ZETTELHALTER
- FIMO® Effect in Granit (803) und Marmor (003)
- FIMO® soft in Lavendel (62), Apfelgrün (50) und Tropischgrün (53)
- Krokodilklammer mit Stab, ca. 12 cm hoch

FISCH
- FIMO® soft in Weiß (0), Pfefferminz (39) und Apfelgrün (50)
- ovale Pappschachtel in Weiß, 5 cm x 7 cm breit, 3,5 cm hoch
- Acrylfarbe in Hellblau

QUALLE
- FIMO® soft in Weiß (0), Himbeere (22) und Lavendel (62)
- Stein, ca. 7 cm breit

BILDERRAHMEN
- FIMO® Effect in Marmor (003)
- FIMO® soft in Pfefferminz (39), Haut (43), Mandarine (42), Pazifikblau (37), Himbeere (22) und Sonnengelb (16)
- Bilderrahmen in Weiß, 17,5 cm x 17,5 cm
- 3 Strasssteine (Chatons) in Gelb, ø 4 mm
- Glitterpen in Silber

VORLAGE
Bogen 3A

Zettelhalter

1 FIMO® in Granit und Marmor gut vermischen und zu einem Stein formen. Ein Loch für den Stab eindrücken.

2 Die Teile für Seepferdchen und Stern aus ausgewalzten Platten ausschneiden und zusammensetzen („Flache Motive", hintere Umschlagklappe). Den Schwanz des Tiers aufrollen und kleine Kugeln zur Verzierung aufdrücken.

3 Die Einzelteile nach dem Aushärten im Ofen zusammenkleben.

Schachtel mit Fisch

1 Die Motivteile aus ausgewalzten Platten ausschneiden und zusammensetzen („Flache Motive", hintere Umschlagklappe). Kleine Kugeln auf den Körper drücken und die Vertiefungen mit einem Zahnstocher eindrücken. Das Gesicht nach dem Aushärten aufmalen.

2 Den Schachteldeckel bemalen und den Fisch aufkleben.

Qualle als Briefbeschwerer

Den Körper aus einer ausgewalzten Platten ausschneiden („Flache Motive", hintere Umschlagklappe). Für die Tentakeln und den Rand Rollen anfertigen. Alles zusammensetzen und im Backofen aushärten. Das Gesicht setzt du nach dem Auskühlen auf.

Bilderrahmen

1 Die Motivteile aus ausgewalzten Platten ausschneiden und an den Rändern leicht abrunden („Flache Motive", hintere Umschlagklappe). Die Vertiefungen mit einem Zahnstocher eindrücken.

2 Für die Haare die Platte ganz dünn auswalzen und das Halbrund auf den Kopf setzen. Spiralen aus Würstchen rollen und die Zöpfe auf der Rückseite ansetzen. Dann die Krone ergänzen.

3 Das Motiv mithilfe der Vorlage zusammensetzen: Die Schwanzflosse auf den Stein drücken, dann Rumpf und Arme, danach das Bikinioberteil anbringen.

4 Nach dem Aushärten im Backofen die Strasssteine aufkleben und den Körper mit Glitzerpunkten verzieren. Auf den Bilderrahmen kleben und nach Belieben lackieren.

DEKORATIONE

Der Fantasie sind keine Grenzen gesetzt beim Gestalten der kleinen Quadrate.

Bonbonfarbene Inchies

stylische und praktische Kühlschrankmagnete

MOTIVGRÖSSE
ca. 3 cm

MATERIAL
* FIMO® in Weiß (0), Himbeere (22), Lavendel (62), Pflaume (63), Brillantblau (33), Sonnengelb (16) und Apfelgrün (50)
* FIMO® Effect in Glitterweiß (052)
* Ausstechform: Herz, ø 1,5 cm, und Quadrat, 3 cm x 3 cm
* Strasssteine (Chatons) in 1 x Hellblau, ø 5 mm, und 2 x Hellgrün, ø 4 mm

VORLAGE
Bogen 3B

1 Als Basis eine ausgewalzte Platte mit Mustern belegen, noch einmal mit einer Acrylrolle glatt walzen (auf ca. 5 mm Stärke, siehe Seite 26). Daraus die Formen ausstechen.

2 Nun kannst du nach Herzenslust gestalten! Reihe oben:
Herz: Mehrere Grüntöne für den Hintergrund vermischen. Das Herz ausstechen und aufsetzen.
Erdbeere: Wie auf der hinteren Umschlagklappe gezeigt aus flachen Motivteilen zusammensetzen. Die Löcher mit einem Modellierwerkzeug, Messer oder Zahnstocher eindrücken.
Strass und Streifen: Den Hintergrund aus Weiß und Blau machen. Einen dünnen Streifen aufsetzen und den Strassstein eindrücken.
Spirale: Die Spirale mit einem Zahnstocher einstechen. An den Ecken kleine Kugeln aufsetzen und Löcher in deren Mitten stechen.

3 Zweite Reihe:
Rose: Einen Rechteck aufrollen und auf drei kleinen Blätter anbringen.
Blatt: Streifen auf eine rosafarbene Platte legen und flach walzen. Das Blatt ausschneiden, aufsetzen, die Adern mit einem Messer einritzen. In den Ecken Löcher stechen.
Träumerei: Bunte Kugeln auf eine hellblaue Platte legen und flach walzen.
Blumen: Würstchen als Stiele auflegen, dann die Kugeln nacheinander aufdrücken. Löcher in die Mitten der kleinen Kugeln stechen.

4 Dritte Reihe:
außen: „Träumerei" (siehe oben)
Blüte: Fünf weiße Kügelchen im Kreis legen und mit einen Zahnstocher eindrücken. In der Mitte eine gelbe Kugel setzen.
Vogel: Die Motivteile aus Platten ausschneiden und auf der Fläche zusammensetzen. Vertiefungen mit einem Zahnstocher stechen.

5 Untere Reihe:
Kugeln: Kleiner werdende Kügelchen nacheinander aufsetzen und in die oberste ein Loch stechen. Den Rand mit einem Lochmuster verzieren.
Herz: siehe Schritt 2
Fantasie: Weiße und grüne Streifen auf die Platte legen und flach walzen. Die Strasssteine eindrücken.

6 Die Motivteile im Backofen härten. Nach dem Auskühlen Magnete an die Rückseiten kleben.

24

DEKORATIONEN

Geschenke mit Herz
Schönes für Mutti und die beste Freundin

MOTIVHÖHE
Herz ca. 4 cm

MATERIAL
* FIMO® soft in Indischrot (24), Schwarz (6), Himbeere (22) und Mandarine (42)
* Kautschukcollier in Schwarz, ø 1,2 mm, 40 cm lang
* Halsreifen in Schwarz, ø 1 mm, ca. 45 cm lang
* Metallschlüsselring
* Strassstein (Chaton) in Rosa, ø 4 mm
* Wachskordel in Schwarz, ø 1 mm

VORLAGE
Bogen 4A

1 Rolle eine ca. 1 cm dicke Platte aus FIMO® in Indischrot. Auf diese legst du Würstchen und flach gedrückte Kugeln in Schwarz, Mandarine und Rosa (aus Weiß und Himbeere gemischt).

2 Die Platte flach walzen, bis sie glatt und nur noch 6 mm stark ist.

3 Aus Transparentpapier eine Schablone der Herzform zuschneiden. Diese auflegen und rundum ausschneiden (siehe „Flache Motive", hintere Umschlagklappe).

4 Zum Einsetzen der Strasssteine Löcher mit einem Zahnstocher vorstechen, dann die Schmucksteine eindrücken.

5 Die Lava-Kugeln wie unten beschrieben anfertigen. Alles mit Löchern versehen (siehe Seite 3) und im Ofen aushärten. Nach dem Auskühlen die FIMO®-Perlen, nach Belieben zusammen mit Rocailles, auffädeln.

Hinweis: Wenn du die Platte zusammenknetest, entstehen neue schöne Muster. So kannst du Perlen (vorne im Bild) und Scheiben (Ohrstecker) machen. Ringformen mit einem Kästchen zum Einsetzen von FIMO®-Platten bekommst du im Hobbyfachhandel. Einfach ein Stück FIMO® eindrücken und am Rand bündig abschneiden. Im Ofen aushärten.

Hier siehst du die aufgelegten Muster vor dem Flachwalzen.

Lava-Perlen entstehen, wenn du FIMO®-Kugeln in grobem Salz wendest und in den Händen glatt rollst. Nach dem Härten im Ofen in heißes Wasser geben, bis das Salz gelöst ist.

SCHMUCK

Bunte Ostersachen
zum Selbermachen

MOTIVGRÖSSE
Schaf ca. 11 cm

MATERIAL
LAMM
* FIMO® soft in
  2 x Weiß (0) und
  Pflaume (63)
* Metalldose,
  ø 11 cm, 6 cm hoch

HASE
* FIMO® soft in
  2 x Sonnengelb (16),
  Mandarine (42),
  Weiß (0),
  Apfelgrün (50),
  Himbeere (22) und
  Brillantblau (33)
* Satinkordel in Gelb,
  ø 2 mm,
  4 x 10 cm lang
* Ausstechform:
  Blume, ø 3 cm

VORLAGE
Bogen 4A

Lamm

1 Den Körper setzt du aus vielen Scheiben mit Spiralmuster zusammen. Dafür brauchst du eine 1–2 mm starke Platte in Weiß, mindestens 8 cm x 8 cm groß, außerdem noch eine ebenso große in Hellviolett (aus viel Weiß und wenig Pflaume gemischt).

2 Beide Scheiben aufeinanderlegen und zusammenrollen (siehe Seite 3, Spirale). Aus der entstandenen Rolle 2 mm dicke Scheiben schneiden, die du eng beieinander auf den Deckel der Metallschachtel legst und andrückst, bis die Schachtel bedeckt ist. Die Zwischenräume mit kleinen weißen Kügelchen füllen.

3 Dann mehrmals flach walzen, bis eine geschlossene, glatte Fläche entstanden ist. Den Überstand randbündig abschneiden.

4 Für den Kopf Weiß und Pflaume mischen und eine 5 mm starke Platte ausrollen (siehe „Flache Motive", hintere Umschlagklappe). Das Gesicht ausschneiden und auf den Deckel legen.

5 Die Ohren spitzoval ausformen und aufsetzen. Mit dem Modellierwerkzeug die Vertiefungen eindrücken. Dann die Kügelchen für Nase und Haarschopf aufsetzen.

6 Im Backofen aushärten und nach dem Abkühlen das Gesicht gestalten.

Schlenkerhase

1 Rolle alle Kugeln nach Vorlage. In den Körper und die Beinkugeln Löcher zum Anbringen der Gliedmaßen einstechen. Die Ohren, den Kragen und den Bauch aus Platten schneiden.

2 Die Blume aus Kügelchen zusammensetzen und ein Loch in die Blütenmitte stechen. Für die Blätter Spitzovale formen und mit einem Zahnstocher in der Mitte einkerben.

3 Kopf, Kragen und Körper zusammenfügen und die Ohren ansetzen. Die Nasenkugel und den Bauch aufdrücken. Die Blume vor die Ohren setzen.

4 Das Tier aushärten. Nach dem Abkühlen die Gliedmaßen mit Kordeln anbringen (Kordelenden mit Klebstoff versehen, damit sie sich nicht aufdrehen). Das Gesicht mit wasserfesten Stiften gestalten.

Mein Tipp für dich

Eierbecher Aus FIMO® kannst du auch Eierbecher formen! Aus sieben Rippen einer Farbe eine Kugel rollen, die du mit kleinen andersfarbigen Kugeln verzierst. In der Hand glatt rollen. Dann mit einer Holzkugel von 3–4 cm Größe eine Wölbung eindrücken.

DEKORATIONEN

Winter-Bastelspaß

zum Schmücken und Verschenken

MOTIVHÖHE
ca. 9 cm

MATERIAL
SCHNEEMANN
* FIMO® soft in Brillantblau (33), Mandarine (42), Caramel (7), Schwarz (9) und Indischrot (24)
* FIMO® Effect in Glitterweiß (052)
* Papierdrahtkordel in Weiß, ø 2 mm, je 2 x 2,5 cm und 3,5 cm lang
* Knoblauchpresse

FENSTERKETTE
* FIMO® soft in Indischrot (24) und Brillantblau (33)
* FIMO® Effect in Glitterweiß (052)
* Holzperlen in Weiß, ø 6 mm
* Organzaband in Weiß, 6 mm breit
* Strassstein (Chaton) in Hellblau, ø 3 mm

VORLAGE
Bogen 4B

Schneemann

1 Forme die Kugeln wie auf dem Vorlagenbogen beschrieben. Mit einem Zahnstocher die Löcher in Körper und Hände/Füße stechen.

2 Für den Hut eine Kugel ganz flach drücken und einen Zylinder aufsetzen. Eine dünne rote FIMO®-Wurst flach walzen und als Hutkrempe aufsetzen.

3 Den Schal aus einer dünnen FIMO®-Platte schneiden. Für die Nase einen Kegel formen.

4 Die Haare mit der Knoblauchpresse anfertigen, auf dem Kopf verteilen und den Hut aufsetzen. Den Kopf auf den Körper drücken und den Schal umbinden.

5 Die Figur und die Arm-/Beinkugeln im Backofen aushärten. Nach dem Auskühlen klebst du die Arme und Beine mit Kordeln an und malst die Gesichtslinien mit wasserfesten Stiften auf. Die Wangen mit etwas Buntstiftabrieb röten (siehe vordere Umschlagklappe).

Fensterkette

1 Mond und Stern werden wie auf der hinteren Umschlagklappe beschrieben angefertigt („Flache Motive"). Die Linien mit einem Modellierwerkzeug eindrücken.

2 Manche Perlen schmücken die Organzaschnur: Scheiben, Kugeln mit Strasssteinen und locker gewickelte Stiftperlen. Stich vor dem Eindrücken der Schmucksteine Löcher in die Kugelperle, dann verformt sie sich nicht. Für die Wickelperlen das FIMO®-Dreieck von der breiten Seite aus aufwickeln, dabei in der Mitte einen Freiraum lassen zum Durchziehen des Fadens.

3 In die Perlen und Motive wie auf Seite 3 gezeigt Löcher stechen. Dann im Ofen aushärten und nach dem Abkühlen bemalen und zusammenfügen.

In die Formen kannst du mit Modellierstab und Messer Tiefreliefs machen oder mit einer Prickelnadel ein Punktmuster einstechen.

DEKORATIONEN

Pia Pedevilla, ladinischer Muttersprache, lebt in Bruneck (Südtirol/Italien). Sie studierte Kunst in Gröden und Werbegrafik in Urbino. Viele Jahre hat sie in der Mittelschule technische und künstlerische Erziehung unterrichtet. Heute leitet sie Fortbildungskurse für Erwachsene. Seit Jahren illustriert und designt sie für Kinder. Anfang der 1990er Jahre hat sie zusammen mit dem argentinischen Cartoonisten Mordillo mehrere Holzspielzeugkollektionen realisiert. Seitdem veröffentlicht sie Bastelbücher und entwirft Holz- und Stoffspielzeug, didaktische Spiele, Lichtobjekte und Teppiche. Mehr erfahren Sie unter:

www.piapedevilla.com

DANKE!

Für die freundliche Unterstützung danke ich den Firmen Eberhard Faber, Staedtler, efco, Knorr Prandell und Rayher.

TOPP – Unsere Servicegarantie

WIR SIND FÜR SIE DA! Bei Fragen zu unserem umfangreichen Programm oder Anregungen freuen wir uns über Ihren Anruf oder Ihre Post. Loben Sie uns, aber scheuen Sie sich auch nicht, Ihre Kritik mitzuteilen – sie hilft uns, ständig besser zu werden.

Bei Fragen zu einzelnen Materialien oder Techniken wenden Sie sich bitte an unseren Kreativservice, Frau Erika Noll.
mail@kreativ-service.info
Telefon 0 50 52 / 91 18 58

Das Produktmanagement erreichen Sie unter:
  pm@frechverlag.de
  oder:
  frechverlag
  Produktmanagement
  Turbinenstraße 7
  70499 Stuttgart
Telefon 07 11 / 8 30 86 68

LERNEN SIE UNS BESSER KENNEN! Fragen Sie Ihren Hobbyfach- oder Buchhändler nach unserem kostenlosen Kreativmagazin **Meine kreative Welt.** Darin entdecken Sie vierteljährlich die neuesten Kreativtrends und interessantesten Buchneuheiten.

Oder besuchen Sie uns im Internet! Unter **www.frechverlag.de** können Sie sich über unser umfangreiches Buchprogramm informieren, unsere Autoren kennenlernen sowie aktuelle Highlights und neue Kreativtechniken entdecken, kurz – die ganze Welt der Kreativität.

Kreativ immer up to date sind Sie mit unserem monatlichen **Newsletter** mit den aktuellsten News aus dem frechverlag, Gratis-Bastelanleitungen und attraktiven Gewinnspielen.

IMPRESSUM

FOTOS: frechverlag GmbH, 70499 Stuttgart; lichtpunkt, Michael Ruder, Stuttgart; Pia Pedevilla (alle Arbeitsschrittfotos)
PRODUKTMANAGEMENT UND TEXT: Monique Rahner, Texthaus Rahner, Schwäbisch Gmünd (www.texthaus-rahner.de)
GESTALTUNG: Atelier Schwab, Handewitt
DRUCK: frechdruck GmbH, Stuttgart   PRINTED IN GERMANY

Materialangaben und Arbeitshinweise in diesem Buch wurden von der Autorin und den Mitarbeitern des Verlags sorgfältig geprüft. Eine Garantie wird jedoch nicht übernommen. Autorin und Verlag können für eventuell auftretende Fehler oder Schäden nicht haftbar gemacht werden. Das Werk und die darin gezeigten Modelle sind urheberrechtlich geschützt. Die Vervielfältigung und Verbreitung ist, außer für private, nicht kommerzielle Zwecke, untersagt und wird zivil- und strafrechtlich verfolgt. Dies gilt insbesondere für eine Verbreitung des Werkes durch Fotokopien, Film, Funk und Fernsehen, elektronische Medien und Internet sowie für eine gewerbliche Nutzung der gezeigten Modelle. Bei Verwendung im Unterricht und in Kursen ist auf dieses Buch hinzuweisen.

Auflage: 6.   5.   4.
Jahr: 2015   2014   2013   2012   [Letzte Zahlen maßgebend]

© 2010 **frechverlag** GmbH, 70499 Stuttgart

ISBN 978-3-7724-3874-5 • Best.-Nr. 3874